ANNE-KATRIN WEBER

BROT BACKEN

FOTOGRAFIE: WOLFGANG SCHARDT, COCO LANG

INHALT

*Öffnen Sie die Klappen dieses Buches.
Dort finden Sie die wichtigsten Infos zum Thema auf einen Blick!*

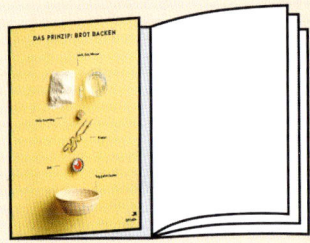

DAS PRINZIP:
BROT BACKEN

DIE PERFEKTE
KOMBI

Immer griffbereit:

SO GEHT'S:
SAUERTEIG ANSETZEN

Immer griffbereit:

SO GEHT'S:
TEIG FORMEN

GU CLOU

Wussten Sie schon, dass ...?
Entdecken Sie bei einigen ausgewähl-
ten Rezepten ganz besondere Tipps
mit verblüffendem Insiderwissen.
Aha-Momente garantiert!

Mit diesem Symbol sind alle veganen Brote
gekennzeichnet.

Die Backzeiten können je nach Herd variie-
ren. Unsere Temperaturangaben beziehen
sich auf das Backen im Elektroherd mit
Ober- und Unterhitze.

Sammeln Ihrer Lieblingsrezepte
mit der »GU Kochen Plus«-App
(siehe S. 64)

REZEPTKAPITEL

06 EINFACHE BROTE MIT HEFE

26 SAUERTEIGBROTE

40 BRÖTCHEN & SÜSSE BROTE

ANNE-KATRIN WEBER

Der Trend, Brot selbst zu backen, ist für die Hamburgerin Anne-Katrin Weber nichts Neues. Sie genießt schon seit Jahren regelmäßig ihr eigenes Brot. Zum Wochenendfrühstück gibt es frische Brötchen – die backt dann allerdings ihr Mann, sehr zur Freude der ganzen Familie!

Worin besteht für Sie der Zauber des Brotbackens?

Gutes Brot macht glücklich! Nicht nur mich, es gibt immer mehr Fans! Während früher Brotbacken meist Sache der Großmütter war, treibt es heutzutage Menschen ganz unterschiedlichen Alters an den Ofen. Die Beweggründe sind verschieden: Für die einen ist Brotbacken Entspannung vom Job, andere tun es, weil ihnen Brot, Brötchen & Co. vom Bäcker nicht mehr so recht schmecken. Manche backen selbst, weil sie dann kontrollieren können, welche Zutaten im Brot stecken.

Gutes Brot braucht Zeit, oder?

Ja, unbedingt! Je länger wir einem Brotteig Zeit zum Gehen geben, desto besser ist sein Aroma. Denn so benötigt er weniger Hefe und kann während der längeren Gehzeit mehr Aromen entwickeln. Zudem erhöht sich dadurch die Haltbarkeit. Ich bin ganz klar eine Verfechterin dieser »Brotbackphilosophie«.

»Gut« und »schnell« schließen sich beim Brotbacken also aus?

Im Prinzip ja. Und trotzdem gibt es in diesem Buch auch einige Rezepte, die mit größeren Hefemengen arbeiten und dadurch deutlich kürzere Gehzeiten benötigen. Denn nicht immer finden wir im Alltag ausreichend Zeit, ein langwieriges Brotrezept unterzubringen. Für diesen Fall habe ich einige Rezepte entwickelt, die trotz der kurzen und einfachen Zubereitung ein tolles, schmackhaftes Ergebnis bringen – mit Gelinggarantie! Vor allem frisch aus dem Ofen gehen diese Brote buchstäblich weg wie warme Semmeln.

BLITZ-VOLLKORNBROT

400 g Vollkorn-Weizen-
mehl, 50 g Leinsamen,
50 g Sesam ...

... mit 8 g Salz und
1 Pck. Trockenhefe
in einer Schüssel
vermischen.

400 g lauwarmes Wasser
und 2 EL Zitronensaft
mischen und dazugeben.

Mit einem Kochlöffel kurz
unterrühren, bis ein zäher
Teig entstanden ist.

Eine kleine Kastenform (20 cm lang)
mit Öl ausstreichen und mit je
1 EL Leinsamen und Sesam ausstreuen. Den Teig einfüllen, glatt
streichen und 5 Min. stehen lassen.

*Die Form in den kalten Backofen
(Mitte) schieben. Die Ofentemperatur auf 180° einstellen und
das Brot ca. 45 Min. backen.*

EINFACHE BROTE MIT HEFE

SAATEN-VOLLKORNBROT

FÜR EINSTEIGER

50 g Kürbiskerne
50 g Sonnenblumenkerne
50 g Leinsamen
5 g frische Hefe
1 TL Honig
500 g Vollkorn-Weizenmehl
10 g Salz

AUSSERDEM

1 Kastenform (30 cm lang)
je 20 g Kürbiskerne, Sonnenblu-
*   menkerne und Leinsamen zum*
*   Bestreuen*

GU CLOU

Kerne und Samen werden bei diesem Brot mit kochendem Wasser eingeweicht. Dabei nehmen die Saaten viel Wasser auf, wodurch das Brot schön saftig wird. Profibäcker sprechen vom Brühstück.

1 Für die Saatenmischung Kürbiskerne, Sonnenblumenkerne und Leinsamen in einer kleinen Schüssel mit 150 g kochendem Wasser übergießen. Etwa 3 Std. quellen lassen.

2 In einer Rührschüssel Hefe und Honig mit 50 g lauwarmem Wasser verrühren, bis die Hefe aufgelöst ist. Das Vollkornmehl und 300 g kaltes Wasser zugeben und in der Küchenmaschine auf kleinster Stufe 5 Min. unterkneten. Den Teig abgedeckt ca. 3 Std. bei Zimmertemperatur gehen lassen.

3 Die Kastenform mit Backpapier auslegen. Körner zum Bestreuen mischen und die Hälfte davon in der Kastenform verteilen. Die eingeweichte Saatenmischung und das Salz zum Hefeteig geben und in der Küchenmaschine 1–2 Min. unterkneten. Der Teig ist jetzt recht zäh und feucht. Teig in die Form geben, glatt streichen und mit den übrigen Körnern bestreuen. Für ungefähr 1 Std. bei Zimmertemperatur gehen lassen.

4 Den Backofen auf 250° vorheizen, dabei ein Backblech (unten) mit 300 g Wasser mit aufheizen. Die Kastenform in den Ofen (Mitte) schieben. Das Brot 10 Min. backen, dann das Blech aus dem Ofen nehmen. Das Brot weitere 10 Min. backen. Nach insgesamt 20 Min. Backzeit die Temperatur auf 180° herunterschalten und das Brot in weiteren 25 Min. knusprig braun backen. Dann mithilfe des Backpapiers aus der Form heben und auf einem Kuchengitter vollständig auskühlen lassen.

TOMATEN-CIABATTA 🍃

AUS ITALIEN

FÜR DEN VORTEIG

10 g frische Hefe
¼ TL Zucker
150 g Weizenmehl (Type 1050)

FÜR DEN HAUPTTEIG

10 g frische Hefe
125 g getrocknete Tomaten
  (in Öl eingelegt)
350 g Weizenmehl (Type 550)
10 g Salz
2 TL getrockneter Thymian

AUSSERDEM

Mehl zum Arbeiten

1 Am Vortag für den Vorteig 180 g kaltes Wasser, zerkrümelte Hefe und Zucker in einer Rührschüssel vermischen, dann das Mehl mit einem Löffel unterrühren. Den Teig abgedeckt für mind. 8 Std. bei Zimmertemperatur gehen lassen.

2 Am nächsten Tag für den Hauptteig 250 g lauwarmes Wasser mit der zerkrümelten Hefe verrühren. Tomaten abtropfen lassen, in dünne Streifen schneiden. Hefewasser, Mehl, Salz, Tomatenstreifen, 2 EL Öl von den Tomaten und Thymian zum Vorteig geben und mit einem Löffel unterrühren, dabei den Teig nicht schlagen, da sonst die enthaltenen Luftblasen entweichen würden. Den noch sehr weichen Teig abgedeckt für ca. 1 Std. 30 Min. bei Zimmertemperatur gehen lassen.

3 Den weichen Teig auf die großzügig bemehlte Arbeitsfläche gleiten lassen, dann dehnen und falten. Hierzu den Teig mit einer Teigkarte von oben nach unten sowie von einer Seite auf die andere falten und dabei leicht in die Länge bzw. Breite ziehen. Abgedeckt ca. 10 Min. ruhen lassen, dann noch zweimal dehnen und falten und jeweils 10 Min. gehen lassen.

4 Ein Backblech mit Backpapier belegen. Den Teig halbieren und mit bemehlten Händen etwas in die Länge ziehen. Weitere 20 Min. ohne Abdeckung gehen lassen. Inzwischen den Backofen auf 230° vorheizen. Die Brote im Ofen (untere Mitte) 30 Min. backen. Am Ende der Backzeit die Brote aus dem Ofen nehmen und auf einem Kuchengitter abkühlen lassen.

Für 1 Brot (ca. 20 Scheiben) • 40 Min. Zubereitung • 1 Std. 40 Min. Ruhen • 40 Min. Backen •
Pro Scheibe ca. 170 kcal, 3 g E, 9 g F, 20 g KH

OLIVEN-ZUPFBROT

MEDITERRAN

FÜR DEN TEIG

25 g frische Hefe
1 TL Zucker
500 g Weizenmehl (Type 550)
5 g Salz
3 EL Olivenöl

FÜR DIE FÜLLUNG

1 Bund glatte Petersilie
125 g schwarze Oliven (entsteint)
1 große Knoblauchzehe
1 TL abgeriebene Bio-Orangenschale
100 g zimmerwarme Butter
Pfeffer
½ TL Salz

AUSSERDEM

1 Kastenform (30 cm lang)
Butter für die Form
Mehl zum Arbeiten

GUT ZU WISSEN

Eine Brotschneidemaschine ist hier überflüssig – bei diesem Brot kann Scheibe für Scheibe abgezupft werden.

1 Für den Teig die Hefe in eine Schüssel bröckeln und mit 250 g lauwarmem Wasser und Zucker verrühren. Etwa 15 Min. an einem warmen Ort stehen lassen, bis sich Bläschen gebildet haben. Das Mehl, Hefewasser, Salz und Olivenöl in eine Rührschüssel geben. In der Küchenmaschine zu einem glatten Teig verkneten und abgedeckt für ca. 1 Std. an einem warmen Ort gehen lassen, bis sich das Volumen verdoppelt hat.

2 Für die Füllung Petersilie abbrausen, trocken schütteln. Die Blätter von den Stängeln zupfen und fein schneiden. Oliven sehr gut abtropfen lassen, Knoblauch schälen. Beides fein hacken. Petersilie, Oliven, Knoblauch, Orangenschale, Butter, Pfeffer und Salz verrühren. Die Kastenform gut einfetten.

3 Den Teig auf wenig Mehl kurz durchkneten, etwa 5 Min. ruhen lassen und dann knapp 1 cm dick ausrollen. Die Teigplatte mit der Füllung bestreichen und in ca. 8 × 8 cm große Quadrate schneiden. Jeweils 4–5 Teigquadrate aufeinanderstapeln. Die Form aufrecht hinstellen, die Teigstapel in die Form geben und abgedeckt weitere 20 Min. gehen lassen.

4 In der Zwischenzeit den Backofen auf 180° vorheizen. Das Brot (untere Mitte) in ca. 40 Min. goldbraun backen, dabei nach ca. 30 Min. mit Backpapier abdecken. Am Ende der Backzeit das Zupfbrot herausnehmen und 15 Min. in der Form abkühlen lassen, anschließend vorsichtig aus der Form lösen und auf einem Kuchengitter vollständig auskühlen lassen.

1

2

3

WURZEL-SAATEN-BROT 🍃

KNUSPRIG

4

5

6

Für 4 kleine Brote (à ca. 15 Scheiben) • 40 Min. Zubereitung • 37 Std. 50 Min. Ruhen • 25 Min. Backen •
Pro Stück ca. 955 kcal, 36 g E, 22 g F, 149 g KH

FÜR DEN VORTEIG
150 g Dinkelmehl (Type 630)
3 g Salz

FÜR DEN HAUPTTEIG
600 g Dinkelmehl (Type 630)
75 g Roggenmehl (Type 1150)
10 g frische Hefe
40 g Sonnenblumenkerne
30 g Sesam
30 g Leinsamen
2 EL Zitronensaft
12 g Salz

AUSSERDEM
Mehl zum Arbeiten
70 g gemischte Samen und Kerne
zum Wälzen

GUT ZU WISSEN
Zum Brotbacken am besten
Ober- und Unterhitze nutzen.
Umluft trocknet die Teighaut zu
schnell aus, sodass der Teig
schlechter aufgeht und das
Brot trocken wird.

1 Etwa 24–36 Std. vor dem Backen für den Vorteig Mehl und Salz mit 150 g kaltem Wasser verrühren (Bild 1). Den Vorteig abgedeckt 12–18 Std. im Kühlschrank ruhen lassen.

2 Etwa 12–18 Std. vor dem Backen für den Hauptteig beide Mehlsorten in eine Rührschüssel geben. Hefe zerbröckeln und mit 425 g kaltem Wasser, Vorteig, Sonnenblumenkernen, Sesam und Leinsamen sowie Zitronensaft und Salz zum Mehl geben (Bild 2). Alle Zutaten in der Küchenmaschine bei kleiner Stufe 5–7 Min. verkneten. Den noch recht weichen Teig abgedeckt 12–18 Std. im Kühlschrank gehen lassen.

3 Den Teig auf die bemehlte Arbeitsfläche stürzen und mit einem feuchten Küchenhandtuch abdecken. Ungefähr 1 Std. ruhen lassen, dann dehnen und falten. Hierzu den Teig mit einer Teigkarte von oben nach unten und von einer Seite auf die andere falten und dabei leicht in die Länge bzw. Breite ziehen (Bild 3). Abgedeckt ca. 10 Min. ruhen lassen, dann noch zweimal dehnen und falten und jeweils 10 Min. gehen lassen. Am Ende der Gehzeit den Teig in vier Streifen teilen (Bild 4).

4 Ein Backblech mit Backpapier auslegen. Die Teigstreifen jeweils in die gemischten Saaten drücken und in sich verdrehen (Bild 5). Auf das vorbereitete Blech legen und weitere 20 Min. gehen lassen. Inzwischen den Backofen auf 250° vorheizen, dabei ein Backblech (unten) mit 300 g Wasser mit aufheizen. Das Blech mit den Broten in den Ofen schieben (untere Mitte). Nach 5 Min. Backzeit das untere Blech herausnehmen und die Brote in weiteren 15–20 Min. goldbraun backen. Danach auf ein Kuchengitter geben und auskühlen lassen (Bild 6).

Für 1 Brot (ca. 15 Scheiben) • 40 Min. Zubereitung • 2 Std. Ruhen • 45 Min. Backen •
Pro Scheibe ca. 135 kcal, 4 g E, 2 g F, 24 g KH

DINKEL-FLOCKEN-BROT 🍃

AROMATISCH

50 g 5-Korn-Flocken
11 g Salz
300 g Dinkelmehl (Type 630)
75 g Roggenmehl (Type 1150)
50 g Vollkorn-Dinkelmehl
5 g frische Hefe
25 g Olivenöl

AUSSERDEM
1 rundes Gärkörbchen (24 cm ∅)
Mehl zum Arbeiten
2 EL 5-Korn-Flocken

GUT ZU WISSEN
Keine Sorge, wenn sich das Backpapier aufgrund der hohen Ofentemperatur am Rand braun verfärbt. Dem Geschmack des Brotes tut dies keinerlei Abbruch.

1 Die Flocken in einer Pfanne ohne Fett bei kleiner Hitze anrösten. Flocken, Salz und 250 g Wasser in einem Topf 2–3 Min. köcheln, dann lauwarm abkühlen lassen. Dabei quellen die Flocken weiter auf, bis die Mischung breiartig ist.

2 Mehlsorten in einer Rührschüssel mischen. Hefe, Flocken, Olivenöl und 160 g lauwarmes Wasser hinzufügen und alles in der Küchenmaschine auf kleinster Stufe 5 Min. verkneten.

3 Den Teig abgedeckt für ungefähr 1 Std. bei Zimmertemperatur gehen lassen. Dabei nach 20 Min. und erneut nach 40 Min. dehnen und falten. Hierzu den Teig mit einer Teigkarte von oben nach unten und von einer Seite auf die andere falten und dabei leicht in die Länge bzw. Breite ziehen.

4 Das Gärkörbchen mit Mehl ausstreuen. Den Teig auf die mit Mehl bestreute Arbeitsfläche stürzen, rund formen und mit der Naht nach unten in das Gärkörbchen legen. Mit Frischhaltefolie abdecken und erneut 1 Std. gehen lassen.

5 In der Zwischenzeit den Backofen auf 250° vorheizen und dabei ein Backblech (unten) mit 300 g Wasser aufheizen. Ein weiteres Blech mit Backpapier belegen und die Flocken mittig daraufstreuen. Den Brotteig darauf stürzen, sodass die Naht nun oben liegt. Das Brot in den Ofen schieben (untere Mitte) und 45 Min. backen, dabei nach 10 Min. das untere Blech herausnehmen und die Temperatur auf 220° herunterschalten.

Für 1 Brot (ca. 15 Scheiben) • 10 Min. Zubereitung • 5 Min. Ruhen • 45 Min. Backen •
Pro Scheibe ca. 155 kcal, 6 g E, 6 g F, 18 g KH

KÜRBISKERN-VOLLKORNBROT 🌿

VOLLWERT-REZEPT

125 g Kürbiskerne
400 g Vollkorn-Dinkelmehl
8 g Salz
1 Pck. Trockenhefe
1 ½ TL Brotgewürz
2 EL Zitronensaft

AUSSERDEM
1 kleine Kastenform
(20 cm lang)
Butter für die Form

1 100 g Kürbiskerne in einer Pfanne ohne Fett rösten, bis sie leicht gebräunt sind und duften, dann abkühlen lassen. Mehl, geröstete Kerne, Salz, Trockenhefe und Brotgewürz in einer Schüssel vermengen. 400 g lauwarmes Wasser mit Zitronensaft mischen und mit einem Kochlöffel unterrühren, bis ein zäher Teig entstanden ist.

2 Übrige Kürbiskerne grob hacken. Kastenform einfetten und mit der Hälfte der gehackten Kerne ausstreuen. Teig einfüllen, glatt streichen. Mit den übrigen Kernen bestreuen und 5 Min. ruhen lassen.

3 Die Form in den kalten Backofen (Mitte) schieben. Die Ofentemperatur auf 180° einstellen und das Brot 45 Min. backen. Danach herausnehmen und auf einem Kuchengitter auskühlen lassen.

Für 1 Brot (ca. 15 Scheiben) • 10 Min. Zubereitung • 5 Min. Ruhen • 45 Min. Backen •
Pro Scheibe ca. 170 kcal, 4 g E, 6 g F, 24 g KH

CRANBERRY-WALNUSS-BROT 🍃

FRUCHTIG-NUSSIG

100 g Walnusskerne
75 g getrocknete Cranberrys
400 g Dinkelmehl (Type 1050)
8 g Salz
1 EL Zucker
1 Pck. Trockenhefe
2 EL Zitronensaft

AUSSERDEM
1 kleine Kastenform
(20 cm lang)
Butter für die Form

1 80 g Walnusskerne grob hacken und in einer Pfanne ohne Fett rösten, bis sie leicht gebräunt sind und duften, dann abkühlen lassen. Die Cranberrys ebenfalls grob hacken.

2 Dinkelmehl, geröstete Walnusskerne, Cranberrys, Salz, Zucker und Trockenhefe in einer Rührschüssel vermengen. 350 g lauwarmes Wasser mit Zitronensaft mischen und dazugeben. Mit einem Kochlöffel unterrühren, bis ein zäher Teig entstanden ist.

3 Die restlichen Walnusskerne sehr fein hacken. Eine Kastenform einfetten. Den Teig einfüllen, glatt streichen und mit den gehackten Nüssen bestreuen. Danach ca. 5 Min. ruhen lassen.

4 Die Form in den kalten Backofen (Mitte) schieben. Die Ofentemperatur auf 180° einstellen und das Brot 45 Min. backen. Danach herausnehmen und auf einem Kuchengitter auskühlen lassen.

Für 1 Brot (ca. 15 Scheiben) • 15 Min. Zubereitung • 20 Std. Ruhen • 45 Min. Backen •
Pro Scheibe ca. 130 kcal, 5 g E, 3 g F, 22 g KH

PFEFFRIGES SPECK-BROT

OHNE KNETEN

1 TL Fenchelsamen

2 TL Kümmel

1 EL eingelegte grüne Pfefferkörner
  (aus dem Glas)

0,5 g frische Hefe (ca. erbsengroß)

450 g Weizenmehl (Type 1050)

10 g Salz

100 g Speckwürfel (durchwachsen)

AUSSERDEM

Mehl zum Arbeiten

1 ofenfester Bräter mit Deckel
  (ca. 20 cm ⌀)

1 Am Vortag Fenchelsamen und Kümmel im Mörser fein zerstoßen. Pfefferkörner gut abtropfen lassen und hacken. Hefe in 30 g kaltem Wasser auflösen. In einer Schüssel Mehl, Salz, Fenchelsamen und Kümmel vermischen. Mit 320 g kaltem Wasser und Hefewasser verrühren, zuletzt Speckwürfel und Pfeffer kurz unterheben. Teig mit Frischhaltefolie abdecken und ca. 18 Std. bei Zimmertemperatur ruhen lassen.

2 Am nächsten Tag einen Bogen Backpapier großzügig mit Mehl bestäuben. Den noch recht weichen Teig daraufgeben, dann dehnen und falten. Hierzu den Teig mit einer Teigkarte von oben nach unten und von einer Seite auf die andere falten und dabei leicht in die Länge bzw. Breite ziehen. Dies ein- bis zweimal wiederholen, bis der Teig deutlich straffer wird.

3 Den Teig mitsamt Backpapier in eine Schüssel legen und abgedeckt weitere 2 Std. bei Zimmertemperatur gehen lassen. Etwa 30 Min. vor Ende der Gehzeit den Bräter inklusive Deckel im Backofen auf 250° vorheizen.

4 Den heißen Bräter aus dem Ofen nehmen. Backpapier mitsamt dem Teig hineingeben, den Deckel aufsetzen und den Bräter in den Ofen schieben. Nach 30 Min. Backzeit die Temperatur auf 230° reduzieren und das Brot offen in 10–15 Min. knusprig braun backen. Danach herausnehmen, auf ein Kuchengitter stürzen und auskühlen lassen.

KARTOFFEL-BROT 🍃

GUT VORZUBEREITEN

500 g mehlig kochende Kartoffeln
10 g frische Hefe
300 g Dinkelmehl (Type 630)
250 g Vollkorn-Dinkelmehl
15 g Salz

AUSSERDEM
Mehl zum Arbeiten
1 Gärkörbchen (24 cm ⌀)
1 Brotbackstein

1 Die Kartoffeln schälen, in grobe Stücke schneiden und in kochendem Wasser in ca. 15 Min. weich kochen. Wasser abgießen und die Kartoffeln mit einem Kartoffelstampfer fein zerdrücken. Lauwarm abkühlen lassen. Für den Vorteig 200 g lauwarmes Wasser in eine Schüssel geben, die Hefe hineinbröckeln und darin auflösen. 10 Min. stehen lassen.

2 Beide Mehlsorten mit Salz in einer Rührschüssel vermischen. Mit Hefewasser und Kartoffelmus in 2–3 Min. zu einem glatten Teig verkneten. Auf die leicht bemehlte Arbeitsfläche geben und rund formen. Das Gärkörbchen mit einem Tuch auslegen und dieses mit Mehl bestäuben. Teig mit der Naht nach unten hineinlegen, mit dem Tuch abdecken und an einem warmen Ort in ca. 1 Std. bis zum doppelten Volumen gehen lassen.

3 Inzwischen den Backofen mitsamt Backstein (zweite Schiene von unten) 45 Min. auf 250° vorheizen und dabei zugleich ein Backblech (unten) mit 300 g Wasser aufheizen. Ein Küchenbrett mit Backpapier belegen. Den Teig darauf stürzen und mithilfe des Backpapiers auf den Backstein ziehen.

4 Das Brot 15 Min. backen, dann die Ofentemperatur auf 200° herunterschalten und das untere Blech herausnehmen. Das Brot weitere 35–40 Min. backen, zwischendurch mit einem Bogen Backpapier abdecken. Es ist fertig, wenn es kräftig gebräunt ist und sich beim Klopfen auf die Unterseite hohl anhört. Auf einem Kuchengitter auskühlen lassen.

Für 2 kleine Brote (à ca. 10 Scheiben) • 30 Min. Zubereitung • 1 Std. 30 Min. Ruhen • 25 Min. Backen •
Pro Scheibe ca. 135 kcal, 4 g E, 5 g F, 19 g KH

FOCACCIA MIT PINIENKERNEN

AUS ITALIEN

FÜR DEN TEIG

500 g Weizenmehl (Type 550)
21 g frische Hefe (½ Würfel)
1 kleiner Zweig Rosmarin
2 EL Olivenöl
5 g Salz

FÜR DEN BELAG

2 kleine rote Zwiebeln
40 g Parmesan
1 kleiner Zweig Rosmarin
30 g Pinienkerne
4 EL Olivenöl

AUSSERDEM

Mehl zum Arbeiten

VARIANTE: APFEL-FOCACCIA

Für eine fruchtige Variante die Focaccia wie beschrieben zubereiten, doch statt Parmesan 2 kleine säuerliche Äpfel verwenden. Diese waschen, vierteln, entkernen und in dünne Spalten schneiden. Die Focaccia damit belegen.

1 Für den Teig das Mehl in eine Schüssel geben. In die Mitte eine Mulde drücken, Hefe hineinbröckeln. Mit etwas Mehl vom Rand und 250 g lauwarmem Wasser verrühren. Den Vorteig abgedeckt ca. 15 Min. an einem warmen Ort gehen lassen.

2 In der Zwischenzeit den Rosmarin abbrausen und trocken schütteln, die Nadeln abzupfen und fein hacken. Mit Öl und Salz zum Vorteig geben und kräftig verkneten. Den Teig zu einer glatten Kugel formen, wieder in die Schüssel legen und abgedeckt ca. 1 Std. an einem warmen Ort gehen lassen, bis er etwa zur doppelten Größe aufgegangen ist.

3 Ein Backblech mit Backpapier auslegen. Den Teig halbieren. Beide Stücke auf der bemehlten Arbeitsfläche zu einem Oval von je 25 cm Länge ausrollen und nebeneinander auf das Blech legen. Abgedeckt weitere 15 Min. gehen lassen. Inzwischen die Zwiebeln schälen und in dünne Ringe schneiden, den Parmesan grob reiben. Den Rosmarin abbrausen, trocken schütteln. Die Nadeln abzupfen. Backofen auf 200° vorheizen.

4 In die Teigfladen mit dem Zeigefinger kleine Vertiefungen hineindrücken. Die Fladen mit Zwiebelringen belegen, mit Pinienkernen, Rosmarinnadeln und Parmesan bestreuen und mit Olivenöl beträufeln. Im heißen Ofen in ca. 25 Min. goldgelb backen. Anschließend herausnehmen und auf einem Kuchengitter abkühlen lassen. Schmeckt lauwarm oder kalt!

SAUERTEIGBROTE

HASELNUSS-BROT 🌿

OHNE KNETEN

100 g Haselnusskerne
0,5 g frische Hefe (ca. erbsengroß)
250 g Vollkorn-Roggenmehl
200 g Weizenmehl (Type 550)
10 g Salz
75 g flüssiger Sauerteig (selbst
    angesetzt oder Fertigprodukt)
1 EL Essig

AUSSERDEM

Mehl zum Arbeiten
1 ofenfester Bräter mit Deckel
    (ca. 20 cm ∅)

GUT ZU WISSEN

Frische Hefe verliert mit der
Zeit ihre Triebkraft. Bis zum
Mindesthaltbarkeitsdatum
sollten es beim Kauf noch
2–3 Wochen sein. Bio-Hefe
altert leider besonders schnell.

1 Am Vortag die Nüsse grob hacken. In einer Pfanne ohne
Fett kurz anrösten. Abkühlen lassen. Die Hefe in 30 g kaltem
Wasser auflösen. In einer Schüssel beide Mehlsorten und Salz
vermischen. Sauerteig, 320 g kaltes Wasser, Hefewasser und
Essig vermengen. Die Sauerteigmischung und Haselnüsse
unter die Mehlmischung rühren. Den Teig abgedeckt
etwa 18 Std. bei Zimmertemperatur ruhen lassen.

2 Am nächsten Tag einen Bogen Backpapier großzügig mit
Mehl bestäuben. Den recht weichen Teig daraufgeben, falten
und dehnen. Hierzu den Teig mit einer Teigkarte von oben
nach unten und von einer Seite auf die andere falten, dabei
den Teig leicht in die Länge bzw. Breite ziehen. Dies ein- bis
zweimal wiederholen, bis der Teig deutlich straffer wird. Den
Teig mitsamt Backpapier in eine saubere Schüssel legen und
abgedeckt weitere 2 Std. bei Zimmertemperatur gehen lassen.

3 Etwa 30 Min. vor Ende der Gehzeit den Bräter inklusive
Deckel im Backofen auf 250° vorheizen. Den heißen Bräter
aus dem Ofen nehmen. Backpapier mitsamt dem Teig hineingeben, den Deckel aufsetzen und den Bräter in den Ofen
schieben. Das Brot 30 Min. backen.

4 Dann die Backofentemperatur auf 230° herunterschalten
und das Brot offen in 10–15 Min. zu Ende backen, bis es knus-
rig und gut gebräunt ist. Den Bräter aus dem Ofen nehmen,
das Brot auf ein Kuchengitter stürzen und auskühlen lassen.

Für 1 Brot (ca. 20 Scheiben) • 25 Min. Zubereitung • 1 Std. Quellen • 1 Std. Ruhen • 55 Min. Backen •
Pro Scheibe ca. 150 kcal, 5 g E, 2 g F, 29 g KH

FÜNF-KORN-FLOCKEN-BROT

GUT VORZUBEREITEN

200 g 5-Korn-Flocken
20 g frische Hefe
75 g flüssiger Sauerteig (selbst
*   angesetzt oder Fertigprodukt)*
325 g Weizenmehl (Type 550)
200 g Roggenmehl (Type 1150)
15 g Salz

AUSSERDEM
Mehl zum Arbeiten
1 Kastenform (30 cm lang)
Butter für die Form
50 g 5-Korn-Flocken zum Wälzen

GUT ZU WISSEN
5-Korn-Flocken gibt es, wie
Haferflocken, fertig zu kaufen.
Sollten Sie keine Mischung aus
fünf Sorten bekommen, können Sie natürlich auch 4-Korn-
oder 6-Korn-Flocken nehmen.

1 Für das sogenannte Brühstück die 5-Korn-Flocken in einer Schale mit 300 g kochendem Wasser übergießen. Mit Frischhaltefolie abdecken und ca. 1 Std. quellen lassen.

2 Für den Teig die Hefe in eine Rührschüssel bröckeln und in 320 g lauwarmem Wasser auflösen. Sauerteig unterrühren. Beide Mehlsorten und Salz hinzufügen. Sämtliche Zutaten in der Küchenmaschine auf kleinster Stufe ca. 3 Min. verkneten.

3 Das Brühstück hinzufügen und den Teig auf nächsthöherer Stufe weitere 5 Min. kneten. Die Arbeitsfläche großzügig mit Mehl bestäuben. Den Teig daraufgeben und 30 Min. gehen lassen. Zwischendurch zweimal rund formen.

4 Die Kastenform einfetten. Den Teig länglich formen, mit Wasser bepinseln und rundherum in den Flocken wälzen. Dann in die Form legen und mit sanftem Druck gleichmäßig darin verteilen. Den Teig abdecken und an einem warmen Ort in ca. 30 Min. bis kurz unter den Formenrand aufgehen lassen.

5 Den Backofen auf 220° vorheizen und dabei zugleich ein Backblech (unten) mit 300 g Wasser aufheizen. Die Form in den Ofen schieben (untere Mitte). Nach 10 Min. Backzeit das untere Blech herausnehmen und die Ofentemperatur auf 200° herunterschalten. Das Brot in weiteren 45 Min. knusprig goldbraun backen, zwischendurch eventuell mit Backpapier abdecken. Auf einem Kuchengitter auskühlen lassen.

1

2

3

HAFERKRUSTE

RUSTIKAL

4

5

6

*Für 1 Brot (ca. 20 Scheiben) • 40 Min. Zubereitung • 8 Std. Quellen • 2 Std. 15 Min. Ruhen • 55 Min. Backen •
Pro Scheibe ca. 135 kcal, 4 g E, 1 g F, 27 g KH*

150 g Haferkörner
300 g Vollkorn-Roggenmehl
250 g Weizenmehl (Type 550)
75 g flüssiger Sauerteig (selbst
    angesetzt oder Fertigprodukt)
30 g Honig (z. B. Tannenhonig)
12 g Salz
15 g frische Hefe

AUSSERDEM
1 Gärkörbchen (24 cm ⌀)
Roggenmehl zum Arbeiten
2 EL Haferflocken
1 Brotbackstein

GU CLOU

Durch das Bestreichen mit Wasser direkt nach dem Backen bekommt das Brot eine knusprige Kruste und eine glänzende Oberfläche. Oder während der letzten 5 Min. Backzeit die Ofentür mit dem Stiel eines Holzkochlöffels einen Spalt offen halten.

1 Für das Brühstück die Haferkörner in einer Schüssel mit kochendem Wasser übergießen, mit Frischhaltefolie abdecken und mind. 8 Std. quellen lassen (Bild 1). Danach die Körner in ein Sieb abgießen und gut abtropfen lassen.

2 Für den Teig beide Mehlsorten, Sauerteig, Honig, Salz und Haferkörner in eine Rührschüssel geben. Die Hefe hinzufügen und alle Zutaten in der Küchenmaschine bei kleinster Stufe ca. 4 Min. vermischen, dabei nach und nach 340 g lauwarmes Wasser zugeben. Dann den Teig bei nächsthöherer Stufe 4 Min. kneten. Er ist noch recht weich und klebrig (Bild 2).

3 Den Teig mit Frischhaltefolie abdecken und an einem warmen Ort ca. 1 Std. 30 Min. gehen lassen. Dabei alle 30 Min. falten und dehnen. Hierzu den Teig mit einer Teigkarte von oben nach unten und von einer Seite auf die andere falten und dabei leicht in die Länge bzw. Breite ziehen (Bild 3).

4 Das Gärkörbchen mit Roggenmehl und Haferflocken ausstreuen. Die Arbeitsfläche mit Roggenmehl bestäuben, den Teig darauf geben und rund formen (Bild 4). Mit der Naht nach unten in das Gärkörbchen legen, wieder abdecken und bei Zimmertemperatur ca. 45 Min. gehen lassen (Bild 5).

5 Währenddessen den Backofen mitsamt Backstein (zweite Schiene von unten) 45 Min. auf 250° vorheizen und dabei zugleich ein Backblech (unten) mit 300 g Wasser aufheizen.

6 Ein Küchenbrett mit Backpapier auslegen. Den Teig darauf stürzen und mittels Backpapier auf den Backstein ziehen. Nach 15 Min. Backzeit die Ofentemperatur auf 200° herunterschalten und das untere Blech herausnehmen. Das Brot weitere 40 Min. backen. Herausnehmen und sofort mit etwas Wasser bestreichen. Auf einem Kuchengitter auskühlen lassen (Bild 6).

Für 2 Brote (à ca. 15 Scheiben) • 25 Min. Zubereitung • 45 Min. Ruhen • 40 Min. Backen •
Pro Scheibe ca. 80 kcal, 3 g E, 2 g F, 14 g KH

SESAM-MÖHREN-STANGEN 🌿

SAFTIG

21 g frische Hefe (½ Würfel)
75 g flüssiger Sauerteig (selbst
    angesetzt oder Fertigprodukt)
1 Möhre (ca. 100 g)
330 g Weizenmehl (Type 550)
150 g Roggenmehl (Type 1150)
12 g Salz
50 g heller Sesam

AUSSERDEM
1 Brotbackstein
Mehl zum Arbeiten
3 EL heller und 1 EL schwarzer
    Sesam zum Bestreuen

VARIANTE
Für ein kräuterwürziges
Zucchinibrot ersetzen Sie die
Möhrenraspel durch geraspel-
te Zucchini. Geben Sie dann
noch 2 EL gehackte Kräuter
(Thymian oder Rosmarin) zum
Teig, so bekommt das Brot
mediterranes Aroma und passt
toll zu einem Grillabend.

1 Für den Teig die Hefe in eine kleine Schüssel bröckeln und in 300 g lauwarmem Wasser auflösen. Sauerteig unterrühren. Die Möhre putzen, schälen und fein raspeln.

2 Beide Mehlsorten, Hefe-Sauerteig-Mix und Salz in eine Rührschüssel geben und in der Küchenmaschine zunächst auf kleinster Stufe 4 Min. verrühren, dann auf der nächsthöheren Stufe 3 Min. kneten. Sesam und Möhre kurz unterkneten.

3 Den Backofen mitsamt Backstein (zweite Schiene von unten) ca. 45 Min. auf 220° vorheizen und dabei zugleich ein Back-blech (unten) mit 300 g Wasser aufheizen. Die Arbeitsfläche großzügig mit Mehl bestäuben. Teig daraufgeben, halbieren, mit Frischhaltefolie abdecken und 20 Min. gehen lassen.

4 Anschließend die Teigstücke zu etwa 25 cm langen, leicht spitz zulaufenden Stangen formen und auf einen Bogen Back-papier legen. Die Oberfläche mit Wasser bepinseln und mit hellem sowie schwarzem Sesam bestreuen. Beide Stangen mit einem scharfen Messer der Länge nach dreimal ca. 1 cm tief einschneiden. Abgedeckt weitere 25 Min. gehen lassen.

5 Die Teigstangen mittels Backpapier auf den heißen Stein ziehen. Nach 10 Min. Backzeit die Ofentemperatur auf 200° herunterschalten und das untere Blech herausnehmen. Die Stangen weitere 30 Min. backen, dann aus dem Ofen holen und auf einem Kuchengitter auskühlen lassen.

Für 1 Brot (ca. 22 Scheiben) • 20 Min. Zubereitung • 18 Std. Ruhen • 50 Min. Backen •
Pro Scheibe ca. 255 kcal, 9 g E, 14 g F, 22 g KH

ROGGENSCHROT-BROT 🍃

KRÄFTIGES AROMA

1 ½ TL Korianderkörner
1 ½ TL Fenchelsamen
500 g Roggenschrot (mittelgrob)
50 g Sonnenblumenkerne
12 g Salz
3 g frische Hefe
100 g flüssiger Sauerteig (selbst
  angesetzt oder Fertigprodukt)
50 g Zuckerrübensirup

AUSSERDEM
1 Kastenform (30 cm lang)
Butter für die Form
50 g Sonnenblumenkerne
3 EL Roggenschrot (mittelgrob)
  für die Form

GUT ZU WISSEN
Roggenschrot gibt es entweder schon fertig zu kaufen oder Sie lassen ganze Roggenkörner im Bioladen oder Biosupermarkt mittelgrob schroten.

1 Am Vortag Gewürze im Mörser grob zerstoßen. Roggenschrot, Sonnenblumenkerne, Gewürze und Salz in einer großen Rührschüssel mischen. Hefe in eine weitere Schüssel bröckeln und in 525 g lauwarmem Wasser auflösen. Sauerteig und Zuckerrübensirup hinzufügen und alles gründlich unter die Schrotmischung rühren. Den Teig mit Frischhaltefolie abdecken und mind. 12 Std. bei Zimmertemperatur stehen lassen.

2 Am nächsten Morgen die Form einfetten und mit der Hälfte der Sonnenblumenkerne und des Roggenschrots ausstreuen. Teig einfüllen, glatt streichen und mit übrigen Sonnenblumenkernen und etwas Schrot bestreuen. Form mit Frischhaltefolie abdecken und den Teig weitere 6 Std. bei Zimmertemperatur gehen lassen. Dabei erreicht er die Oberkante der Form und an der Oberfläche sind kleine Luftbläschen zu sehen.

3 Backofen auf 230° vorheizen und dabei zugleich ein Backblech (unten) mit 300 g Wasser aufheizen. Form in den Ofen schieben (untere Mitte). Nach 15 Min. Backzeit die Temperatur auf 200° herunterschalten und das untere Blech herausnehmen. Das Brot weitere 35 Min. backen. Anschließend aus der Form stürzen und auf einem Kuchengitter auskühlen lassen.

Für 1 Brot (ca. 20 Scheiben) • 25 Min. Zubereitung • 1 Std. 15 Min. Ruhen • 50 Min. Backen •
Pro Scheibe ca. 115 kcal, 4 g E, 1 g F, 23 g KH

BAUERNLAIB

KLASSIKER

500 g Buttermilch
15 g frische Hefe
75 g flüssiger Sauerteig (selbst
   angesetzt oder Fertigprodukt)
300 g Weizenmehl (Type 550)
250 g Roggenmehl (Type 1150)
12 g Salz
1 ½ TL Brotgewürz

AUSSERDEM
Mehl zum Arbeiten
1 Gärkörbchen (24 cm ⌀)
1 Brotbackstein

GUT ZU WISSEN
Um ganz sicherzugehen, dass
das Brot fertig ist, hilft nur ei-
nes: auf die Unterseite klopfen.
Hört es sich hohl an, ist das
Brot fertig. Klingt es eher
dumpf, muss es noch ein paar
Minuten weiterbacken.

1 Die Buttermilch lauwarm erwärmen, danach in eine Rührschüssel geben. Die Hefe hineinbröckeln und darin auflösen.
Sauerteig unterrühren. Beide Mehlsorten, Salz und Brotgewürz
dazugeben. In der Küchenmaschine auf kleinster Stufe 3 Min.
kneten, dann auf nächsthöherer Stufe weitere 3 Min. kneten.

2 Den Teig auf die bemehlte Arbeitsfläche geben, zu einer
Kugel formen und mit Frischhaltefolie abgedeckt 30 Min. ruhen
lassen. Anschließend den Teig rund formen.

3 Das Gärkörbchen mit einem Tuch auslegen und dieses mit
Mehl bestäuben. Den Teig mit der Naht nach unten hineinlegen und an einem warmen Ort ca. 45 Min. gehen lassen, bis er
etwa zur doppelten Größe aufgegangen ist.

4 In der Zwischenzeit den Backofen mitsamt Backstein (zweite
Schiene von unten) 45 Min. auf 220° vorheizen und dabei
zugleich ein Backblech (unten) mit 300 g Wasser aufheizen. Ein
Küchenbrett mit Backpapier auslegen. Den Teig darauf stürzen
und mithilfe des Backpapiers auf den Backstein ziehen.

5 Nach 10 Min. Backzeit die Temperatur auf 200° herunterschalten und das untere Blech herausnehmen. Das Brot weitere
35–40 Min. backen, bis es sich beim Klopfen auf die Unterseite
hohl anhört. Auf einem Kuchengitter auskühlen lassen.

BRÖTCHEN UND SÜSSE BROTE

Für 16 Stück • 35 Min. Zubereitung • 12 Std. Quellen • 3 Std. Ruhen • 30 Min. Backen •
Pro Stück ca. 225 kcal, 9g E, 5 g F, 35 g KH

DINKEL-KÖRNER-KRUSTIS 🌿

BALLASTSTOFFREICH

FÜR DEN VORTEIG
150 g Dinkelmehl (Type 630)
3 g frische Hefe

FÜR DIE KÖRNER-MISCHUNG
50 g Sonnenblumenkerne
50 g Leinsamen
50 g Sesam
50 g Dinkelflocken

FÜR DEN TEIG
400 g Dinkelmehl (Type 630)
200 g Vollkorn-Dinkelmehl
10 g frische Hefe
1 EL Zitronensaft
20 g Salz

AUSSERDEM
Mehl zum Arbeiten

VORRATS-TIPP
Brötchen noch lauwarm verpacken und tiefkühlen. Nach Wunsch bei Zimmertemperatur auftauen lassen und im Ofen bei 120° in 5–8 Min. erwärmen.

1 Am Vortag für den Vorteig Mehl, 150 g kaltes Wasser und zerkrümelte Hefe in einer Schüssel verrühren. Den Vorteig abgedeckt ca. 12 Std. bei Zimmertemperatur gehen lassen. Für das Brühstück Kerne, Saaten und Flocken in einer Pfanne kurz anrösten. In eine Schüssel geben, mit 200 g kochendem Wasser übergießen und abgedeckt ca. 12 Std. quellen lassen.

2 Für den Teig beide Mehlsorten, Vorteig, Körnermischung, zerkrümelte Hefe, Zitronensaft, Salz und 250 g lauwarmes Wasser in der Rührschüssel der Küchenmaschine bei kleiner Stufe 2–3 Min. verkneten. Den Teig abgedeckt ca. 1 Std. 30 Min. bei Zimmertemperatur gehen lassen. Nach 30 Min. und erneut nach 1 Std. dehnen und falten. Hierzu den Teig mit einer Teigkarte von oben nach unten und von einer Seite auf die andere falten und dabei leicht in die Länge bzw. Breite ziehen.

3 Zwei Backbleche mit Backpapier auslegen. Den Teig auf die bemehlte Arbeitsfläche geben, etwas flach drücken und zu einem Rechteck von ca. 24 × 26 cm formen. In 16 Rechtecke teilen und diese auf die Bleche legen. Die Teigstücke abgedeckt ca. 1 Std. 30 Min. an einem warmen Ort gehen lassen.

4 Den Backofen auf 220° vorheizen und dabei zugleich eine Auflaufform mit 300 g Wasser (unten) aufheizen. Brötchen 10 Min. backen (untere Mitte und Mitte), dann die Auflaufform herausnehmen und die Bleche tauschen. Temperatur auf 200° reduzieren und die Brötchen in ca. 20 Min. zu Ende backen.

Für 12 Stück • 40 Min. Zubereitung • 2 Std. 15 Min. Ruhen • 20 Min. Backen •
Pro Stück ca. 215 kcal, 7 g E, 7 g F, 31 g KH

HAMBURGER BRÖTCHEN

FÜR BURGER-FANS

500 g Weizenmehl (Type 550)
5 g Salz
42 g frische Hefe (1 Würfel)
40 g Milch
60 g zimmerwarme Butter
1 Ei (M)

AUSSERDEM
Mehl zum Arbeiten
1 Metallring (ca. 9 cm Ø)
1 Eigelb (M) zum Bestreichen
2 EL heller und 2 TL schwarzer
*   Sesam zum Bestreuen*

1 Für den Hefeteig Mehl und Salz in eine Schüssel geben, in die Mitte eine Mulde drücken und die Hefe hineinbröckeln. Die Milch mit 200 g lauwarmem Wasser vermischen. Hefe und Milchmischung zu einem Vorteig verrühren und diesen abgedeckt ca. 15 Min. an einem warmen Ort gehen lassen.

2 Zimmerwarme Butter und Ei zum Vorteig geben und alles etwa 5 Min. zu einem elastischen, seidig glänzenden Hefeteig verkneten. Abgedeckt ca. 1 Std. an einem warmen Ort gehen lassen, bis sich das Volumen gut verdoppelt hat.

3 Teig auf die bemehlte Arbeitsfläche geben und 1,5 cm dick ausrollen. Mit dem Metallring (ersatzweise mit einem Glas von gleichem Durchmesser) Teiglinge ausstechen. Die Teigreste verkneten, erneut ausrollen und ausstechen.

4 Ein Backblech mit Backpapier auslegen. Die Teiglinge mit etwas Abstand zueinander auf das vorbereitete Blech legen. An einem warmen, zugfreien Ort ohne Abdeckung etwa 1 Std. gehen lassen, bis sich ihr Volumen erneut verdoppelt hat.

5 Den Backofen auf 200° vorheizen. Eigelb und 3 EL Wasser gut verquirlen. Die Teiglinge damit bestreichen und mit Sesam bestreuen. Im Ofen (Mitte) in ca. 20 Min. goldgelb backen. Auf einem Kuchengitter auskühlen lassen.

*Für 12 Stück • 25 Min. Zubereitung • 10 Min. Quellen • 1 Std. 35 Min. Ruhen •
20 Min. Backen • Pro Stück ca. 295 kcal, 8 g E, 12 g F, 39 g KH*

STUDENTENFUTTER-BRÖTCHEN

SCHNELL

250 g Milch
300 g Weizenmehl (Type 550)
200 g Vollkorn-Weizenmehl
21 g frische Hefe (½ Würfel)
50 g Rosinen
150 g Nusskernmischung
50 g zimmerwarme Butter
60 g Honig
1 TL Zimtpulver
½ TL Salz

AUSSERDEM
Mehl zum Arbeiten
2 EL Milch zum Bestreichen

1 Milch lauwarm erwärmen. Mehle in einer Schüssel mischen, Hefe mittig in eine Mulde bröckeln und mit der Milch verrühren. Vorteig abgedeckt an einem warmen Ort ca. 15 Min. gehen lassen. Rosinen in einer Schale mit kochendem Wasser übergießen. 10 Min. quellen, danach gut abtropfen lassen. Nüsse grob hacken.

2 Rosinen, Nüsse, Butter in Flöckchen, Honig, Zimt und Salz zum Vorteig geben und in ca. 5 Min. zu einem glatten Teig verkneten. Abgedeckt an einem warmen Ort ca. 1 Std. gehen lassen. Dann auf der bemehlten Arbeitsfläche zu einer Rolle formen und in zwölf Stücke teilen. Teigstücke in der hohlen Hand und mit etwas Druck auf der Arbeitsfläche kreisen lassen, bis die Oberfläche glatt und gewölbt ist.

3 Ein Backblech mit Backpapier auslegen. Teiglinge daraufgeben und abgedeckt 20 Min. gehen lassen. Backofen auf 200° vorheizen. Teiglinge mit Milch bestreichen und ca. 20 Min. backen (untere Mitte).

Für 12 Stück • 25 Min. Zubereitung • 1 Std. 35 Min. Ruhen • 20 Min. Backen •
Pro Stück ca. 250 kcal, 7 g E, 7 g F, 40 g KH

CRÈME-FRAÎCHE-WECKEN

SAFTIG

80 g Milch
525 g Weizenmehl (Type 550)
21 g frische Hefe (½ Würfel)
60 g Zucker
150 g Crème fraîche
2 Eier (M)
25 g gehackte Pistazienkerne
   (ungesalzen)
½ TL gemahlene Vanille
½ TL Salz

AUSSERDEM
Mehl zum Arbeiten
2 EL Milch zum Bestreichen
2 EL Hagelzucker zum
   Bestreuen

1 Milch lauwarm erwärmen. Mehl in eine Schüssel geben, Hefe mittig in eine Mulde bröckeln und mit der Milch verrühren. Vorteig abgedeckt an einem warmen Ort ca. 15 Min. gehen lassen.

2 Zucker, Crème fraîche, Eier, Pistazien, Vanille und Salz zum Vorteig geben. In der Küchenmaschine in ca. 5 Min. zu einem glatten Teig verkneten. Abgedeckt etwa 1 Std. gehen lassen. Dann auf der bemehlten Arbeitsfläche zu einer Rolle formen und in zwölf Stücke teilen. Teigstücke in der hohlen Hand und mit leichtem Druck auf der Arbeitsfläche kreisen lassen, bis die Oberfläche glatt und gewölbt ist.

3 Ein Backblech mit Backpapier auslegen. Die Teiglinge daraufgeben. Abgedeckt ca. 20 Min. gehen lassen. Backofen auf 200° vorheizen. Teiglinge mit einem scharfen Messer 1 cm tief über Kreuz einschneiden. Mit Milch bestreichen und mit Hagelzucker bestreuen. Im vorgeheizten Ofen (untere Mitte) in 15–20 Min. goldbraun backen.

KÜRBIS-SOFTIES

SAFTIG

200 g Hokkaido-Kürbis (geputzt gewogen)
150 g Milch
400 g Weizenmehl (Type 550)
15 g frische Hefe
50 g brauner Zucker
60 g zimmerwarme Butter
2 g Salz
½ TL Zimtpulver
2 Prisen frisch geriebene Muskatnuss
1 TL abgeriebene Bio-Zitronenschale

AUSSERDEM

Auflaufform (ca. 18 × 24 cm)
Mehl zum Arbeiten
1 Eigelb und 2 EL Milch zum Bestreichen

1 Backofen auf 150° vorheizen. Kürbis in ca. 2 × 2 cm große Würfel schneiden, in eine hitzefeste Form geben und im Ofen (Mitte) ca. 30 Min. backen. Danach in einen hohen Rührbecher geben und fein pürieren. Lauwarm abkühlen lassen.

2 Milch lauwarm erwärmen. Das Mehl in eine Schüssel geben, die Hefe mittig in eine Mulde bröckeln und mit lauwarmer Milch, 1 TL Zucker und etwas Mehl vom Rand verrühren. Abgedeckt an einem warmen Ort ca. 15 Min. gehen lassen. Danach Kürbis, übrigen Zucker, Butter in Flöckchen, Salz, Gewürze und Zitronenschale zugeben und alles zu einem glatten Teig verkneten. Abgedeckt an einem warmen Ort ca. 45 Min. gehen lassen.

3 Die Auflaufform mit Backpapier auslegen. Den Teig auf die bemehlte Arbeitsfläche stürzen, in acht gleich große Stücke teilen. Diese in der hohlen Hand und mit etwas Druck auf der Arbeitsfläche kreisen lassen, bis die Oberfläche schön glatt und gewölbt ist. Die Teiglinge in die Form setzen, abdecken und weitere ca. 30 Min. gehen lassen, bis der Teig deutlich aufgegangen ist. Inzwischen den Backofen auf 180° vorheizen.

4 Eigelb und Milch gründlich verquirlen und die Teiglinge damit bestreichen. Form in den Ofen schieben (untere Mitte) und die Brötchen in 20–25 Min. goldbraun backen, dabei zwischendurch mit Backpapier abdecken. Am Ende der Backzeit aus dem Ofen nehmen und 15 Min. in der Form abkühlen lassen. Erst dann aus der Form lösen und auf ein Kuchengitter geben.

Für 8 Stück • 60 Min. Zubereitung • 14 Std. Ruhen • 25 Min. Backen •
Pro Stück ca. 230 kcal, 7 g E, 2 g F, 45 g KH

LAUGEN-BAGELS

HERZHAFT

FÜR DEN VORTEIG

75 g Weizenmehl (Type 550)
1,5 g frische Hefe

FÜR DEN HAUPTTEIG

400 g Weizenmehl (Type 550)
10 g frische Hefe
10 g Salz
15 g Honig

AUSSERDEM

Mehl zum Arbeiten
50 g Natron
1 EL grobes Salz oder 2 EL Sesam
  zum Bestreuen

1 Für den Vorteig Mehl, 120 g kaltes Wasser und Hefe in eine Schüssel geben und gut verrühren. Mit Frischhaltefolie abdecken und 8–12 Std. bei Zimmertemperatur gehen lassen.

2 Für den Hauptteig Mehl, zerbröckelte Hefe, Vorteig, Salz, Honig und 130 g lauwarmes Wasser in eine Rührschüssel geben und in der Küchenmaschine zunächst auf kleinster, dann auf nächsthöherer Stufe jeweils 5 Min. kneten. Abgedeckt bei Zimmertemperatur ca. 1 Std. gehen lassen.

3 Den Teig auf der bemehlten Arbeitsfläche zu einer Rolle formen und in acht Portionen teilen. Teigstücke in der hohlen Hand und mit etwas Druck auf der Arbeitsfläche kreisen lassen, bis die Oberfläche glatt und gewölbt ist. Mit dem Zeigefinger in der Mitte jeder Kugel ein Loch formen und diese so lange um den Finger kreisen lassen, bis sich das Loch gut geweitet hat. Die Teiglinge abgedeckt erneut 1 Std. gehen lassen.

4 Inzwischen den Backofen auf 200° vorheizen. Ein Backblech mit Backpapier auslegen. Für die Lauge 1 l Wasser und Natron aufkochen, dann die Hitze reduzieren. Am Ende der Gehzeit die Teiglinge nacheinander ins siedende Wasser geben und 1 Min. ziehen lassen, dabei nach 30 Sek. einmal drehen.

5 Die Bagels jeweils mit einer Schaumkelle aus der Lauge nehmen, kurz abtropfen lassen und auf das Blech legen. Nach Belieben mit Salz oder Sesam bestreuen. Im vorgeheizten Ofen (untere Mitte) in ca. 25 Min. knusprig braun backen.

BRIOCHE

ZUM BRUNCH

200 g Sahne
2 EL Milch
500 g Weizenmehl (Type 550)
75 g Zucker
2 g Salz
*1 TL abgeriebene Bio-Zitronen-
   schale*
2 Eier (M)
1 Eiweiß (M)
10 g frische Hefe

AUSSERDEM

Mehl zum Arbeiten
1 Kastenform (30 cm lang)
Butter für die Form
*1 Eigelb (M) und 1 EL Milch zum
   Bestreichen*

1 Am Vorabend Sahne und Milch in einem kleinen Topf vermischen und lauwarm erwärmen. Mehl, Zucker, Salz, Zitronenschale, Eier, Eiweiß und Sahne-Milch-Mischung in die Rührschüssel der Küchenmaschine geben. Hefe zerbröckeln und hinzufügen. Sämtliche Zutaten auf kleinster Stufe 15 Min. verkneten (nicht kürzer!). Danach aus der Schüssel nehmen und von Hand zu einer glatten Teigkugel kneten.

2 Den Teig in die Schüssel zurücklegen und abgedeckt bei Zimmertemperatur 1 Std. gehen lassen. Die Schüssel in den Kühlschrank stellen und den Teig 10–12 Std. gehen lassen.

3 Am nächsten Tag den Teig auf die bemehlte Arbeitsfläche stürzen. Abgedeckt ca. 30 Min. ruhen lassen. Dann in sechs gleich große Stücke teilen, diese jeweils zu Kugeln formen.

4 Die Kastenform gründlich einfetten. Die Teigkugeln etwas schräg versetzt hineinlegen und abgedeckt weitere 60–90 Min. bei Zimmertemperatur gehen lassen, bis der Teig knapp unter dem Rand der Kastenform angekommen ist.

5 Backofen auf 180° vorheizen. Eigelb und Milch verquirlen. Den Teig damit bestreichen und im Ofen (unten) in 35–40 Min. goldbraun backen. Dabei zwischendurch mit Backpapier abdecken, damit die Oberfläche nicht zu dunkel wird. Am Ende der Backzeit aus dem Ofen nehmen und 5 Min. in der Form abkühlen lassen. Erst dann auf ein Kuchengitter stürzen.

Für 1 Brot (ca. 15 Scheiben) • 20 Min. Zubereitung • 8 Std. Ziehen • 45 Min. Backen •
Pro Scheibe ca. 100 kcal, 3 g E, 2 g F, 17 g KH

APFEL-BROT 🍃

VOLLWERT-REZEPT

350 g säuerliche Äpfel
40 g getrocknete Feigen
40 g Rosinen
50 g Zitronensaft
40 g Rohrzucker
40 g Walnusskerne
200 g Vollkorn-Dinkelmehl
3 TL Backpulver
10 g Kakaopulver
1 TL Zimtpulver
1 Prise Salz

AUSSERDEM

1 kleine Kastenform
  (20 cm lang)

1 Am Vortag die Äpfel waschen, abtrocknen, vierteln und entkernen. Die Apfelviertel in dünne Scheiben schneiden. Feigen fein würfeln. Äpfel, Feigen, Rosinen, Zitronensaft, 40 g Wasser und Zucker in einer Schüssel mischen. Abgedeckt ca. 8 Std. ziehen lassen.

2 Backofen auf 180° vorheizen, Form mit Backpapier auslegen. Walnüsse grob hacken und mit Mehl, Backpulver, Kakao, Zimt und Salz mischen. Mit dem Apfel-Mix zu einem dicken, zähen Teig verrühren. Teig in die Form geben, mit einem Esslöffel glatt streichen.

3 Im vorgeheizten Ofen (untere Mitte) 20 Min. backen, dann die Temperatur auf 160° herunterschalten und weitere 25 Min. backen. Das Brot herausnehmen, mit Wasser bestreichen und 10 Min. in der Form abkühlen lassen. Erst dann auf ein Kuchengitter stürzen.

Für 1 Brot (ca. 20 Scheiben) • 10 Min. Zubereitung • 35 Min. Backen •
Pro Scheibe ca. 105 kcal, 4 g E, 4 g F, 14 g KH

QUARK-ROSINEN-BROT

SCHNELL

75 g Rosinen
250 g Weizenmehl (Type 405)
1 Pck. Backpulver
40 g Zucker
1 TL abgeriebene Bio-
 Zitronenschale
2 g Salz
250 g Magerquark
2 Eier (M)
4 EL Rapsöl

AUSSERDEM
1 mittelgroße Kastenform
 (25 cm lang)
Butter für die Form

1 Die Rosinen in einer kleinen Schale mit kochendem Wasser übergießen. 5 Min. quellen, dann gut abtropfen lassen.

2 Mehl, Backpulver, Zucker, Zitronenschale und Salz mischen. Quark, Eier und Öl dazugeben und in der Küchenmaschine zu einem glatten, zähen Teig verkneten. Die Rosinen zuletzt kurz unterrühren.

3 Den Backofen auf 180° vorheizen, die Form einfetten. Den Teig in die Form geben und glatt streichen. Im vorgeheizten Ofen (untere Mitte) in ca. 35 Min. goldbraun backen. Anschließend herausnehmen, auf ein Kuchengitter stürzen und auskühlen lassen.

Für 9 Stück • 45 Min. Zubereitung • 14 Std. 30 Min. Ruhen • 30 Min. Backen •
Pro Stück ca. 605 kcal, 10 g E, 28 g F, 77 g KH

ZIMT-ORANGEN-SCHNECKEN

ZUM BRUNCH

FÜR DEN HEFETEIG
550 g Weizenmehl (Type 550)
60 g Zucker
10 g Salz
30 g frische Hefe
80 g kalte Butter
2 Eier (M)
240 g Milch

FÜR DIE FÜLLUNG
175 g zimmerwarme Butter
100 g Zucker
100 g Orangenmarmelade
35 g Speisestärke
1 EL Zimtpulver

AUSSERDEM
Mehl zum Arbeiten
1 Backform (24 × 24 cm)
Butter für die Form
2 TL Puderzucker zum Bestäuben

1 Am Vorabend für den Hefeteig Mehl, Zucker und Salz in eine Rührschüssel geben. Hefe zerbröckeln und hinzufügen. Butter, Eier und Milch zugeben und alle Zutaten in der Küchenmaschine ca. 2 Min. bei niedriger Stufe, dann 7–10 Min. auf mittlerer Stufe zu einem homogenen Teig verkneten. Den Teig auf wenig Mehl rund formen, in die Schüssel zurückgeben und abgedeckt mind. 12 Std. in den Kühlschrank stellen.

2 Am nächsten Tag den Teig auf die bemehlte Arbeitsfläche stürzen und abgedeckt 2 Std. gehen lassen. Für die Füllung zimmerwarme Butter, Zucker, Orangenmarmelade, Stärke und Zimt mit den Rührbesen des Handrührgeräts verrühren.

3 Die Form einfetten. Den Teig auf wenig Mehl zu einem Rechteck von ca. 30 × 40 cm ausrollen. Füllung gleichmäßig darauf verstreichen. Den Teig von der langen Seite her aufrollen, die Rolle in neun Scheiben schneiden und diese nebeneinander in die Form setzen. Abgedeckt 30 Min. gehen lassen.

4 Den Backofen auf 200° vorheizen. Am Ende der Gehzeit die Form in den Ofen (untere Mitte) schieben und die Schnecken in ca. 30 Min. goldbraun backen. Zwischendurch eventuell mit Backpapier abdecken. Die Schnecken aus dem Ofen nehmen, etwas abkühlen lassen und dann mit Puderzucker bestäuben.

SCHOKO-NUSS-BABKA

ZUM KAFFEE

FÜR DEN HEFETEIG

250 g Milch
500 g Weizenmehl (Type 550)
42 g frische Hefe (1 Würfel)
75 g Zucker
1 Ei (M)
125 g zimmerwarme Butter
1 Prise Salz

FÜR DIE FÜLLUNG

50 g Pekannusskerne
100 g Zartbitter-Schokolade
75 g Butter
25 g Puderzucker
15 g Kakaopulver

AUSSERDEM

50 g Zucker für die Glasur
1 Kastenform (30 cm lang)
Butter für die Form
Mehl zum Arbeiten

1 Für den Hefeteig Milch lauwarm erwärmen. Mehl in eine Schüssel geben, die Hefe mittig in eine Mulde bröckeln und mit der Milch und etwas Mehl vom Rand verrühren. Abgedeckt an einem warmen Ort ca. 15 Min. gehen lassen. Danach Zucker, Ei, Butter in Flöckchen und Salz zugeben und in der Küchenmaschine in ca. 5 Min. zu einem glatten Teig verkneten. Abgedeckt bei Zimmertemperatur ca. 1 Std. gehen lassen.

2 Inzwischen für die Glasur den Zucker in 6 EL kochendem Wasser auflösen, dann abkühlen lassen. Die Form einfetten, mit Mehl ausstäuben, überschüssiges Mehl ausklopfen. Für die Füllung Pekannüsse grob hacken und in einer Pfanne ohne Fett kurz anrösten. Die Schokolade in Stücke brechen und mit der in Stücke geschnittenen Butter über dem Wasserbad schmelzen lassen. Puderzucker, Kakao und Pekannüsse unterrühren.

3 Teig auf der bemehlten Arbeitsfläche zu einem Rechteck (ca. 30 × 40 cm) ausrollen. Füllung gleichmäßig darauf streichen. Den Teig von der kurzen Seite her aufrollen. Die Rolle der Länge nach durchschneiden, beide Stränge miteinander verdrillen und in die Form legen. 30 Min. gehen lassen.

4 Den Backofen auf 180° vorheizen. Am Ende der Gehzeit den Teig im Ofen (untere Mitte) ca. 50 Min. backen, dabei nach 20–30 Min. mit Backpapier abdecken. Das fertig gebackene Schokoladenbrot aus dem Ofen nehmen, mit der Glasur bestreichen und etwa 10 Min. in der Form abkühlen lassen. Erst dann aus der Form lösen und auf ein Kuchengitter geben.

REGISTER

Vegane Rezepte, die im Buch mit einem ◖ gekennzeichnet sind, sind hier grün abgesetzt.

> **Abkürzungsverzeichnis:**
> **E** = Eiweiß
> **EL** = Esslöffel
> (gestrichen)
> **F** = Fett
> **kcal** = Kilokalorien
> **KH** = Kohlenhydrate
> **Msp.** = Messerspitze
> **Pck.** = Päckchen
> **TK** = Tiefkühl-
> **TL** = Teelöffel
> (gestrichen)
> **Ø** = Durchmesser

© 2019 GRÄFE UND UNZER VERLAG
GmbH, München

Projektleitung: Linh Nguyen
Lektorat: Dr. Stefanie Gronau
Korrektorat: Jutta Friedrich
Gesamtgestaltung: independent
Medien-Design, München:
Horst Moser (Artdirection),
Lucie Heselich, Svenja Wamser
Herstellung: Renate Hutt
Satz: Kösel, Krugzell
Reproduktion: medienprinzen GmbH,
München
Druck und Bindung:
Firmengruppe APPL, aprinta druck,
Wemding
Syndication:
www.seasons.agency
Printed in Germany

2. Auflage 2020
ISBN 978-3-8338-7138-2

 www.facebook.com/gu.verlag

GRÄFE
UND
UNZER

Ein Unternehmen der
GANSKE VERLAGSGRUPPE

DIE AUTORIN

Anne-Katrin Weber studierte nach ihrer Ausbildung zur Köchin Ernährungs-
wissenschaften und ist seit vielen Jahren Autorin zahlreicher Koch-und
Backbücher. Auch als Foodstylistin ist
sie für namhafte Redaktionen tätig.
www.annekatrinweber.de.

DER FOTOGRAF

Wolfgang Schardt kann seine Liebe für
Essen und Trinken beruflich ausleben.
In seinem Studio im Hamburg fotogra-
fiert er vor allem Food, Stills und Interi-
eur für Magazine, Verlage und Wer-
bung. Für dieses Buch wird er von
Anne-Katrin Weber (Foodstyling) und
Janet Hesse (Assistenz) unterstützt.
www.wolfgangschardt.com

BILDNACHWEIS

Wolfgang Schardt: S .06-59 und
Stepfotos auf den Klappen
Coco Lang: S. 01, S. 05 und Stillleben
auf den Klappen
Coverfoto: Kathrin Koschitzki
Autorenfoto: Wolfgang Schardt

Umwelthinweis:

Dieses Buch ist auf PEFC-zertifiziertem
Papier aus nachhaltiger Waldwirtschaft
gedruckt.

LIEBE LESERINNEN UND LESER,

wir wollen Ihnen mit diesem Buch Informationen und
Anregungen geben, um Ihnen das Leben zu erleichtern
oder Sie zu inspirieren, Neues auszuprobieren. Wir ach-
ten bei der Erstellung unserer Bücher auf Aktualität und
stellen höchste Ansprüche an Inhalt und Gestaltung.
Alle Anleitungen und Rezepte werden von unseren
Autoren, jeweils Experten auf ihrem Gebiet, gewissen-
haft erstellt und von unseren Redakteuren/innen mit
größter Sorgfalt ausgewählt und geprüft.

Haben wir Ihre Erwartungen erfüllt? Sind Sie mit
diesem Buch und seinen Inhalten zufrieden? Haben
Sie weitere Fragen zu diesem Thema? Wir freuen uns
auf Ihre Rückmeldung, auf Lob, Kritik und Anregungen,
damit wir für Sie immer besser werden können. Und wir
freuen uns, wenn Sie diesen Titel weiterempfehlen, in
Ihrem Freundeskreis oder online.

Sollten wir Ihre Erwartungen so gar nicht erfüllt haben,
tauschen wir Ihnen Ihr Buch jederzeit gegen ein gleich-
wertiges zum gleichen oder ähnlichen Thema um.

KONTAKT

GRÄFE UND UNZER VERLAG
Leserservice
Postfach 86 03 13
81630 München
E-Mail: leserservice@graefe-und-unzer.de

Telefon: 0 08 00 / 72 37 33 33*
Telefax: 0 08 00 / 50 12 05 44*
Mo – Do: 9.00 – 17.00 Uhr
Fr: 9.00 – 16.00 Uhr (*gebührenfrei in D,A,CH)

APPETIT AUF MEHR?

ISBN 978-3-8338-7077-4

ISBN 978-3-8338-6875-7

ISBN 978-3-8338-6877-1

ISBN 978-3-8338-7141-2

ISBN 978-3-8338-7076-7

ISBN 978-3-8338-7075-0

 Alle hier vorgestellten Bücher sind auch als eBook erhältlich.

DIE »GU KOCHEN PLUS«-APP

1 APP HERUNTERLADEN

Laden Sie die kostenlose »GU Kochen Plus«-App im Apple App Store oder im Google Play Store auf Ihr Smartphone. Starten Sie die App und wählen Sie Ihren Küchenratgeber aus.

2 REZEPTBILD SCANNEN

Scannen Sie das gewünschte Rezeptbild mit der Kamera Ihres Smartphones. Klicken Sie im Display die Funktion Ihrer Wahl.

3 FUNKTIONEN NUTZEN

Sammeln Sie Ihre Lieblingsrezepte. Speichern und verschicken Sie Ihre Einkaufslisten. Oder nutzen Sie den praktischen Supermarkt-Finder und den Rezept-Planer.